Gerhard Merk

LERNZIRKEL
DAS AUGE

 Verlag an der Ruhr

Impressum

Titel: Lernzirkel: Das Auge

Autor: Gerhard Merk

Druck: Druckerei Uwe Nolte, Iserlohn

Verlag: Verlag an der Ruhr
Postfach 10 22 51
D–45422 Mülheim an der Ruhr
Alexanderstraße 54
D–45472 Mülheim an der Ruhr
Tel: 02 08 – 43 95 40
Fax: 02 08 – 439 54 39
e-mail: info@verlagruhr.de
http://www.verlagruhr.de

© **Verlag an der Ruhr 1998**
ISBN 3-86072-393-6

*Die Schreibweise der Texte folgt
der reformierten Rechtschreibung.*

Ein weiterer
Beitrag zum
Umweltschutz:

Das Papier, auf dem
dieser Titel gedruckt ist, hat
ca. **50% Altpapieranteil**,
der Rest sind **chlorfrei**
gebleichte Primärfasern.

*Alle Vervielfältigungsrechte außerhalb der
durch die Gesetzgebung eng gesteckten Grenzen
(z.B. für das Fotokopieren) liegen beim Verlag.*

Inhalt

Vorwort — Zirkeltraining auch im Physikunterricht?

1. Das Unterrichtsmodell 4
2. Vorteile des Unterrichtsmodells 5
3. Die Vorbereitung 6
4. Checkliste 7
5. Die Durchführung 8

Material

Wandtafel für den Sehtest 9/10
(für die Station 3: Augenfehler)
Plakat mit Linien 11
(für die Station 6: Auflösungsvermögen des Auges)
Partnerkarten 12–14
(für die Station 12: Das muss ich wissen)

Schülerblätter

Lernen an Stationen: So geht es 15
Laufzettel 16
Lexikon 17–19

Stations-Schilder 20–26

Arbeitsblätter

Station 1: Aufbau des Auges 27
Station 2: Modell des Auges 28
Station 3: Augenfehler 29
Station 4: Augenfunktion 30/31
Station 5: Optische Täuschungen 32/33
Station 6: Auflösungsvermögen 34
Station 7: Räumliches Sehen 35
Station 8: Der Sehvorgang 36
Station 9: Mein Auge 37
Station 12: Das muss ich wissen 38

Lösungen und Hilfen 39–43

Literatur 44

Vorwort

Zirkeltraining auch im Physikunterricht?

1. Das Unterrichtsmodell

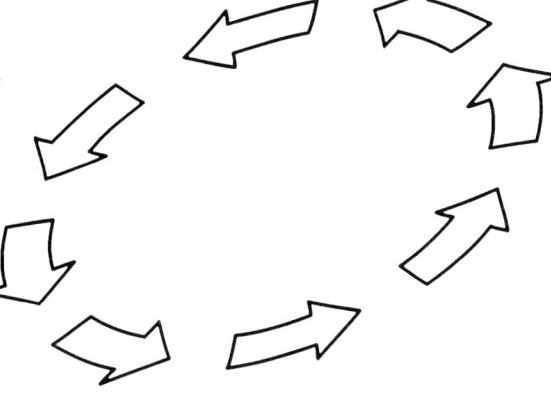

Im traditionellen Experimentalunterricht wird zu einem ausgewählten Thema ein konkretes Problem gestellt, das mit Schülerexperimenten innerhalb einer Schulstunde gelöst wird. Das hier beschriebene Unterrichtsmodell erweitert diese handlungsorientierte Arbeitsweise und ist noch stärker schülerzentriert.

Im Sport wird häufig ein Trainingssystem zur Verbesserung der allgemeinen Kondition (Kreislaufleistung, Atmungsfähigkeit, Muskelkraft u. -ausdauer) angewendet, bei dem 24 Standardübungen an verschiedenen Geräten ausgeführt werden müssen. Da diese Geräte im Kreis aufgestellt sind, spricht man vom Zirkeltraining.

An diesem Modell orientiert sich der **Lernzirkel:** Eine Unterrichtsreihe des Lehrplans wird in verschiedene Teilbereiche – Lernstationen – eingeteilt. Zu jeder Station wird eine Aufgabenstellung formuliert, das benötigte Material zusammengestellt und an einem bestimmten Ort im Klassenzimmer oder im Fachraum bereitgestellt.

Ab jetzt wird der Unterricht hauptsächlich von Schüleraktivitäten geprägt:
Die Schüler/Schülerinnen entscheiden, ob sie mit einem Partner oder in der Gruppe die Stationen bearbeiten wollen. Die Arbeitsform hängt im Wesentlichen von der Klassengröße ab und sollte vom Lehrer/von der Lehrerin vorher bedacht werden. Eine Gruppenbildung ist nicht an allen Stationen unbedingt notwendig, hat sich aber bei der Durchführung bewährt.
Nach der Einteilung sucht sich jede Gruppe eine freie Station und beginnt mit der Arbeit. Im weiteren Verlauf des Unterrichts müssen die Gruppen dann alle Stationen bearbeiten, dabei aber keine vorgeschriebene Reihenfolge einhalten.

Arbeitsblätter, die an den einzelnen Stationen bearbeitet werden, ermöglichen eine Kontrolle des Erlernten.

Auf einen Blick:

DAS UNTERRICHTSMODELL *LERNZIRKEL*

- Beim Stationenlernen wird ein Thema des Lehrplans in kleinere Einheiten unterteilt.
- Zu jeder dieser Einheiten wird eine Station aufgebaut.
- An jeder Station befinden sich die Materialien mit deren Hilfe die Aufgabenstellung gelöst werden kann.
- Die Schüler bilden Paare oder Gruppen und suchen sich eine freie Station.
- Die Paare/Gruppen bearbeiten alle Stationen, müssen aber keine bestimme Reihenfolge einhalten.

Zirkeltraining auch im Physikunterricht? | Vorwort

2. Vorteile des Unterrichtsmodells

Die Einbeziehung der Schüler/Schülerinnen in den Unterrichtsablauf hat viele positive Auswirkungen:
- Es werden unterschiedliche Fähigkeiten der Schüler/Schülerinnen angesprochen.
- Es werden verschiedene Arbeitstechniken (messen, beobachten, erklären, ...) erlernt oder geübt.
- Der Umgang mit verschiedenen Medien (Modelle, Bücher, Computer, ...) kann trainiert werden.
- Jeder Schüler/jede Schülerin kann eigene Lernstrategien entwickeln.
- Die Schüler/Schülerinnen übernehmen Verantwortung für den Lernfortschritt.
- Frustration wird abgebaut, da ein persönliches Arbeitstempo eingeschlagen werden kann. Die Bearbeitungszeit richtet sich nach den individuellen Bedürfnissen in der Gruppe.
- Die Probleme müssen innerhalb der Gruppen gelöst werden: verstärkte Kommunikation und Diskussion in den Gruppen wird geübt.
- Teamfähigkeit wird geübt.
- Wechselnde Arbeitsplätze erweitern die Sozialkontakte in der Klasse.

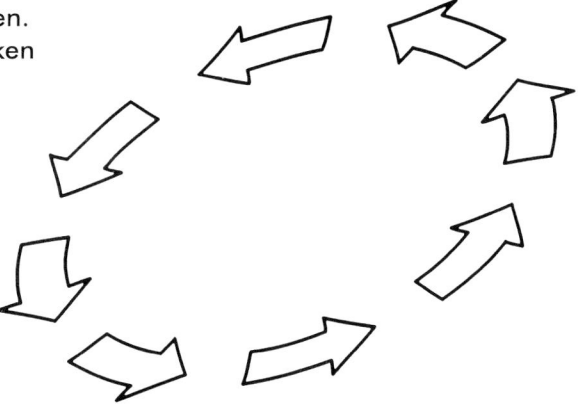

Der Lehrer/die Lehrerin gewinnt hierbei Zeit für verschiedene pädagogische Aktivitäten:
- Unterstützung bei auftretenden Problemen.
- Bereitstellung weitergehender Informationen.
- Erläuterung von Lernstrategien.
- Individuelles Eingehen auf die Schüler/Schülerinnen.

Es ist sinnvoll einen Lernzirkel fächerübergreifend anzulegen: das selbstständige Arbeiten an den Stationen, die Möglichkeit verschiedenste Arbeitstechniken und Medien einzusetzen oder auch die Nutzung von Fachräumen werden so optimiert. Je nach Unterrichtsreihe des Lehrplans kann sich eine Kooperation zwischen zwei oder mehreren Fächern ergeben.

Auf einen Blick:

VORTEILE DES UNTERRICHTSMODELLS *LERNZIRKEL*

- Einübung verschiedener Fähigkeiten und Arbeitstechniken
- Einsatz verschiedener Medien
- Einübung selbstständigen Lernens
- Individuelles Lerntempo ist möglich.
- Einübung von Diskussions- und Teamfähigkeit
- Vertiefende pädagogische Betreuung durch den Lehrer/die Lehrerin ist möglich.
- fächerübergreifender Unterricht

Zirkeltraining auch im Physikunterricht? Vorwort

3. Die Vorbereitung

Voraussetzungen:

Die hier vorliegende ausgearbeitete Einheit kann sowohl in Physik als auch in Biologie eingesetzt werden. Sie ist für die Sekundarstufe 1 ausgelegt. Die Schüler/Schülerinnen sollten über ein Grundwissen im Bereich Optik verfügen.

fächerübergreifendes Lernen:

Da der Lernzirkel fächerübergreifend angelegt ist, sollten Sie sich frühzeitig (Schuljahresbeginn?) mit den Kollegen/Kolleginnen absprechen.
Neben der Zusammenarbeit der Fächer Physik und Biologie ist für die Durchführung eine Kooperation mit den Fächern Deutsch (Station 8: Vorgangsbeschreibung) und Kunst (Station 9: Gegenständliches Zeichnen) wünschenswert.

Zeitaufwand:

Die Bearbeitung der Aufgaben verlangt etwa 6 bis 7 Unterrichtsstunden. Falls Sie mit den entsprechenden Kollegen/Kolleginnen zusammenarbeiten sind Sie nicht nur auf die eigenen Unterrichtsstunden (2 pro Woche) angewiesen und können die Einheit in einer Unterrichtswoche durchführen.

Materialzusammenstellung:

Bei der Auswahl der Versuche wurde darauf geachtet, dass benötigte Teile in den Sammlungen zu finden sind.
Entsprechend der **Checkliste** (siehe folgende Seite) werden alle Materialien besorgt, Kopien angefertigt und die Lösungen bzw. Hilfen in Briefumschläge gesteckt.

Aufbau der Stationen:

Die **Stationen 2 und 7** sollten auf fahrbahren Tischen aus der Sammlung deponiert werden. Für **Station 6** wird sehr viel Platz benötigt und Sie müssen eventuell auf den Flur ausweichen. Die Arbeitsmaterialien der restlichen Stationen sollten in Kartons untergebracht sein und können so leicht in jeder Stunde neu aufgebaut werden.

Besonderheiten einzelner Stationen:

Station 3: Um die Farbenblindheit festzustellen braucht man die Farbkreise, die in einem speziellen Buch zusammengestellt sind (siehe Literaturliste, S. 44) oder teilweise in Biologiebüchern abgedruckt sind. Zum Kennenlernen des Gebrauchs von Linsen bei Weit- bzw. Kurzsichtigkeit werden zwei Brillen benutzt. Diese müssen mit „Nr. 1" bzw. „Nr. 2" gekennzeichnet werden, damit die Aufgaben eindeutig bearbeitet werden können.

Die Themen „Auflösungsvermögen" **(Station 6)** und „Räumliches Sehen" **(Station 7)** können bei entsprechenden unterrichtlichen Voraussetzungen vertieft untersucht werden (siehe z.B. Praxis der Naturwissenschaften Physik 7/46).

Station 12: Die Partnerkarten (s. S. 12 bis 14) müssen noch geklebt und geschnitten werden. Es entstehen 2 x 4 Karten jeweils mit 4 Fragen und Antworten sowie Blanko-Karten.

Station 10 setzt voraus, dass Sie wie auch die Schüler/Schülerinnen eigene Bücher mitbringen oder aus der Bibliothek ausleihen.

An der **Station 13** formulieren die Schüler/Schülerinnen selbstständig Arbeitsaufträge, falls sie das Pflichtprogramm frühzeitig absolviert haben. Wenn Sie wollen, können Sie mögliche Themen vorgeben: Blindenschrift, Statistische Untersuchung zu Brillenträgern an der Schule, Probleme von blinden Personen, etc..

Sollten Sie den Lernzirkel um weitere Stationen ergänzen wollen, finden Sie auf S. 26 unten einen Blanko-Vordruck für das Stations-Schild.

Auf einen Blick:

DIE VORBEREITUNG DES LERNZIRKELS DAS AUGE

- Die ausgearbeitete Einheit kann in der Sekundarstufe 1 sowohl in Physik als auch in Biologie eingesetzt werden.
- Die Schüler/Schülerinnen sollten über ein Grundwissen im Bereich Optik verfügen.
- Kooperation der Fächer Physik, Biologie, Deutsch und Kunst ist wünschenswert.
- Die Bearbeitung des Lernzirkels verlangt etwa 6 bis 7 Unterrichtsstunden.
- Stationen vorbereiten: Kopien anfertigen, Material zusammenstellen, Stationen aufbauen … (s. Checkliste)

Zirkeltraining auch im Physikunterricht? | Vorwort

4.
Checkliste

- ○ mit den KollegInnen abgesprochen?
- ○ alles **Material** zusammengestellt?
- ○ alle benötigten **Kopien** angefertigt?

  - ☐ je Schüler/Schülerin eine Kopie des Infoblattes „Lernen an Stationen: So geht es." (S. 15)
  - ☐ je Schüler/Schülerin eine Kopie des Laufzettels (S. 16)
  - ☐ je Schüler/Schülerin eine Kopie des Lexikons (S. 17–19)
  - ☐ je eine Kopie der 13 Stations-Schilder (S. 20–26)
  - ☐ je Schüler/Schülerin eine Kopie der Arbeitsblätter (S. 27–38)
  - ☐ je eine Kopie der 9 Lösungen bzw. Hilfen (S. 39–43)

- ○ Stationen aufgebaut, Stations-Schilder angebracht, 9 Umschläge mit Lösungen und Hilfen bereitgelegt?

- ☐ 5 Physikbücher (Station 1,2,3,4, 8)
- ☐ 4 Biologiebücher (Station 1,2,3,8)
- ☐ Augenmodell aus der Biologiesammlung (Station 2)
- ☐ Linse, Lochblende und Mattscheibe aus der Physiksammlung (Station 2)
- ☐ Farbkreise zur Überprüfung des Farbsinns (rot-grün-Blindheit) aus einem Biologiebuch oder aus der Biologiesammlung (Station 3)
- ☐ Wandtafel mit Buchstaben für den Sehtest (Kopien von S. 9 u. 10) (Station 3)
- ☐ Brille für Kurzsichtige (Station 3)
- ☐ Brille für Weitsichtige (Station 3)
- ☐ Taschenlampe (Station 4)
- ☐ Geodreieck (Station 5)
- ☐ Plakat mit Linien (Kopie von S. 11) (Station 6)
- ☐ Metermaß (2 Stück) (Station 6, 7)
- ☐ Golfball (Station 7)
- ☐ Graufilter (Station 7)
- ☐ Sonnenbrille (Station 7)
- ☐ Stativ mit Muffe (Station 7)
- ☐ Faden (150 cm) (Station 7)
- ☐ Spiegel (Station 9)
- ☐ Zeichenmaterial (Station 9, 11)
- ☐ Partnerkarten A und B (Kopien von S. 12 u. 13) (Station 12)
- ☐ Blanko-Partnerkarten (ggf. mehrere Kopien von S. 14) (Station 12)
- ☐ ggf. zusätzlich für Station 10: „Das magische Auge" oder ähnliche Bücher mit 3D-Effekten; Bilder die mit einer 3D-Brille betrachtet werden

LERNZIRKEL DAS AUGE

Zirkeltraining auch im Physikunterricht? Vorwort

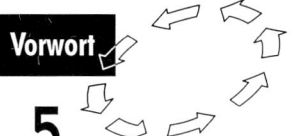

5.
Die Durchführung

Zunächst stellen Sie das Thema vor und zeigen bei einem Rundgang die einzelnen Stationen.

Struktur/Tafelbild:

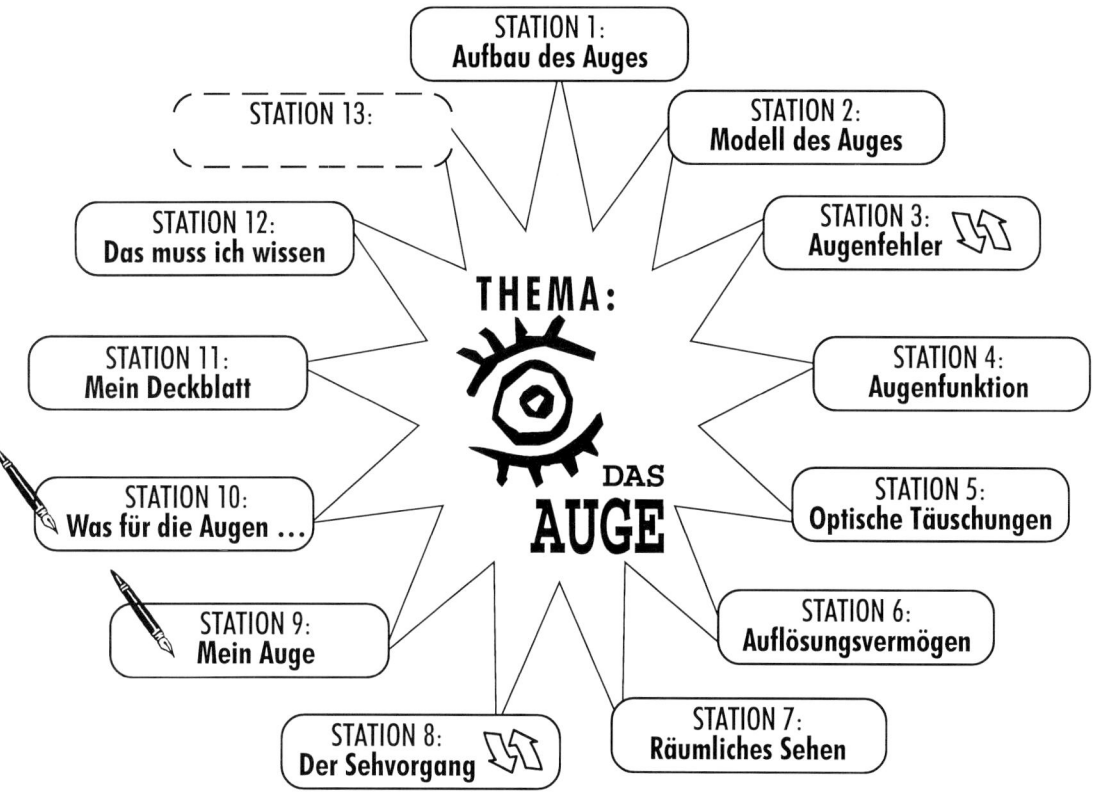

Danach erhalten die Schüler/Schülerinnen das Infoblatt „Lernen an Stationen: So geht es.", den Laufzettel und das kleine Lexikon. Anschließend erklären Sie kurz das Wichtigste:
- Die Arbeitsform (Einzelarbeit, Partnerarbeit oder Gruppenarbeit).
- Das Ausfüllen der Arbeitsblätter und das Anlegen einer Arbeitsmappe.
- Die Benutzung der Lösungen und Hilfen, die an einigen Stationen in Umschlägen „versteckt" sind und zur Kontrolle geöffnet werden können.
- Die Bearbeitung der einzelnen Stationen: Es müssen alle Stationen 1–12 bearbeitet werden. Die Reihenfolge kann selbst bestimmt werden. Es ist günstig, wenn an einer der Stationen 1–5 angefangen und an einer der Stationen 9–12 aus dem Zirkel ausgestiegen wird. Prinzipiell ist ein Einstieg aber an allen Stationen denkbar, außer an den Stationen 6, 7 und 12.

für die Station 6
Auflösungsvermögen des Auges

Material

Plakat mit Linien

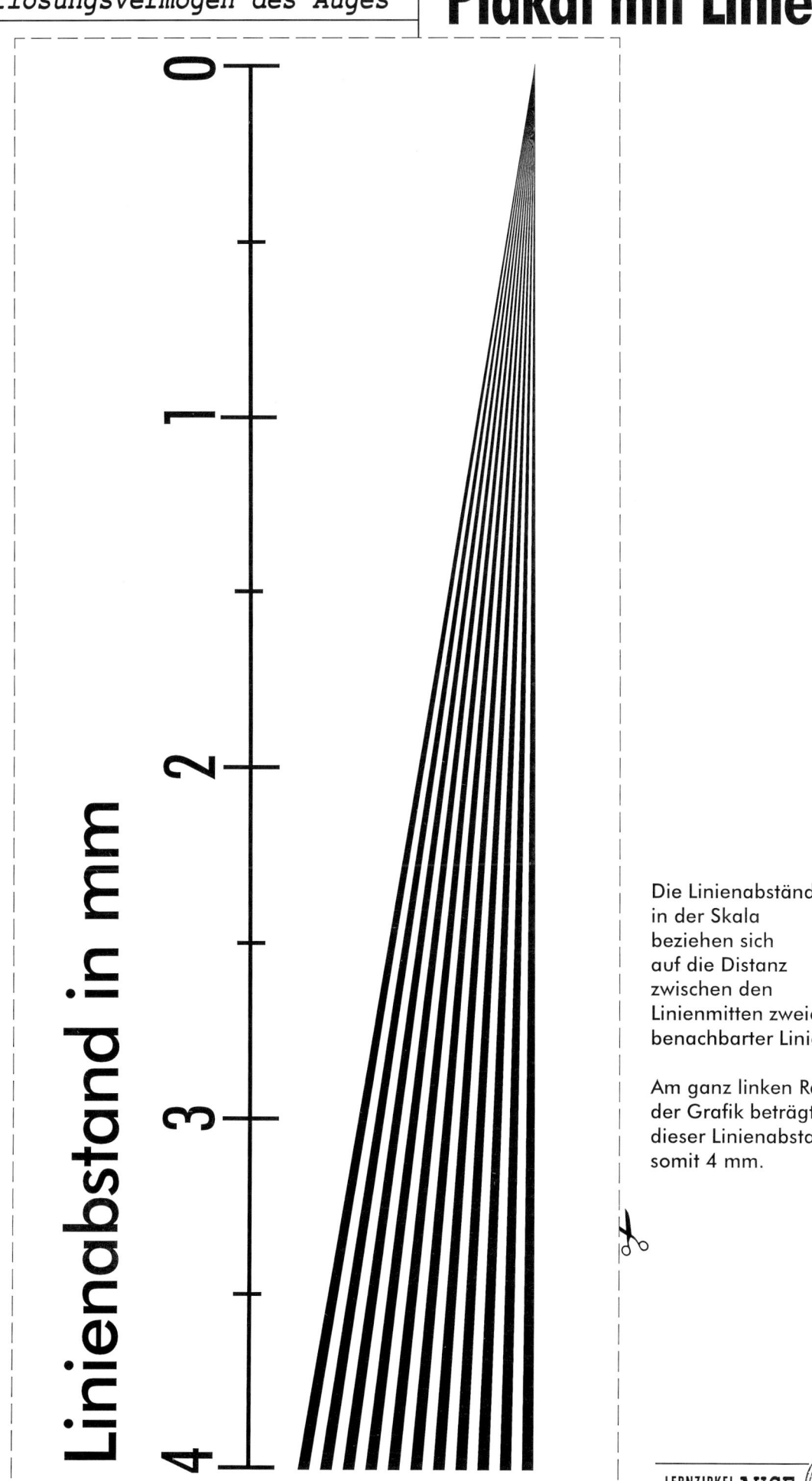

Die Linienabstände in der Skala beziehen sich auf die Distanz zwischen den Linienmitten zweier benachbarter Linien.

Am ganz linken Rand der Grafik beträgt dieser Linienabstand somit 4 mm.

LERNZIRKEL DAS AUGE

© Verlag an der Ruhr, Postfach 10 22 51, 45422 Mülheim an der Ruhr

für die Station 12
Das muss ich wissen

Partnerkarten für Umschlag A

Zum Erstellen der Partnerkarten zuerst entlang der gepunkteten Linie falten, die beiden Hälften zusammenkleben und ausschneiden.

A LERNZIRKEL DAS AUGE **? Frage Nr. 1**

Welche Augenfehler kennst du?

A LERNZIRKEL DAS AUGE **! Antwort Nr. 1**

Es gibt z.B. die Weit- und die Kurzsichtigkeit, die Farbenblindheit, grüner Star ...

A LERNZIRKEL DAS AUGE **? Frage Nr. 2**

Welche Teile sind beim Auge äußerlich zu erkennen?

A LERNZIRKEL DAS AUGE **! Antwort Nr. 2**

Von außen erkennen wir das Lid mit den Wimpern, die Pupille, die Hornhaut und die Iris.

A LERNZIRKEL DAS AUGE **? Frage Nr. 3**

Wozu werden die Linsenbänder gebraucht?

A LERNZIRKEL DAS AUGE **! Antwort Nr. 3**

Mit den Linsenbändern kann die Brennweite der Linse verändert werden.

A LERNZIRKEL DAS AUGE **? Frage Nr. 4**

Was ist eine Dioptrie?

A LERNZIRKEL DAS AUGE **! Antwort Nr. 4**

Dioptrie ist die Einheit für die Brechkraft einer Linse. Die Brechkraft ist gleich dem Kehrwert der Brennweite in Metern:
$1\ \text{dpt} = 1\ \text{m}^{-1}$.

LERNZIRKEL DAS AUGE

© Verlag an der Ruhr, Postfach 10 22 51, 45422 Mülheim an der Ruhr

Material

für die Station 12
Das muss ich wissen

Partnerkarten
für Umschlag B

*Zum Erstellen der Partnerkarten
zuerst entlang der gepunkteten Linie falten,
die beiden Hälften zusammenkleben
und ausschneiden.*

Wo erzeugt das Auge ein Bild?

Das Bild entsteht auf der Netzhaut.

Was ist der Gelbe Fleck?

Der Ort auf der Netzhaut,
der besonders zum Scharfsehen dient.

Mit welcher Linse kann man
die Weitsichtigkeit korrigieren?

Man korrigiert die Weitsichtigkeit
mit einer Sammellinse.

Wo wir der Lichtstrahl
im Auge gebrochen?

Der Lichtstrahl wird dreimal gebrochen.
Die Brechung erfolgt beim Übergang von:
1. Luft/Hornhaut
2. Vordere Augenkammer/Linse
3. Linse/Glaskörper

Material

für die Station 12
Das muss ich wissen

Partnerkarten
Blanko-Vorlagen

Zum Erstellen der Partnerkarten zuerst entlang der gepunkteten Linie falten, die beiden Hälften zusammenkleben und ausschneiden.

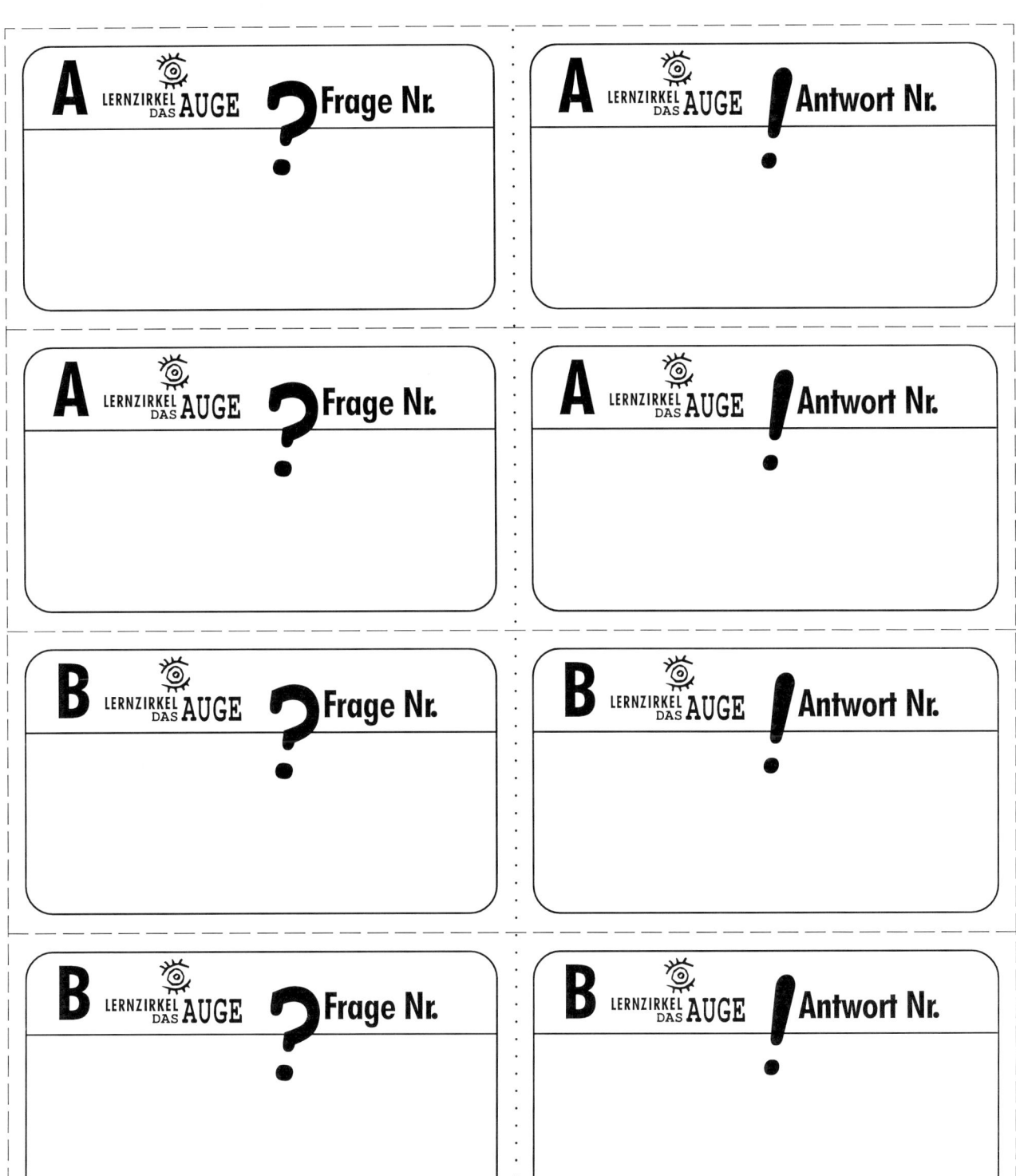

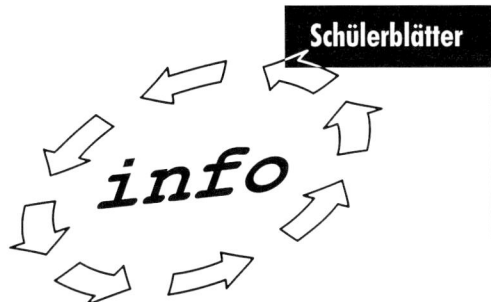

Schülerblätter

Lernen an Stationen: *So geht es.*

Hier das wichtigste:

 Kaufe dir einen Schnellhefter für die Arbeitsblätter.

 Bilde mit weiteren Schülern/Schülerinnen eine Arbeitsgruppe.

 An einer der Stationen 1–5 beginnt ihr eure Arbeit. Sucht euch eine freie Station.

 Lies die Aufgabenstellung genau durch und bearbeite die Probleme.

 An den meisten Stationen gibt es ein Arbeitsblatt das du ausfüllen musst. Zu jeder bearbeiteten Station soll mindestens ein Blatt in deiner Arbeitsmappe abgeheftet werden.

 Wenn du die Station beendet hast, notiere das auf deinem Laufzettel. Gehe dann zur nächsten freien Station.

 Bearbeitet *alle* Stationen 1–12, teilt eure Zeit sinnvoll ein.

 An einer der Stationen 9–12 könnt ihr eure Arbeit beenden.

 Falls du noch Zeit hast, denke dir an der Station 13 weiter Arbeitsaufträge oder Themen aus.

Beachte:

 Bearbeite die Aufgaben gründlich und sorgfältig.

 Wenn du nicht weiter kommst, diskutiere zuerst mit deinen Gruppenmitgliedern und benutze die vorhandenen Hilfsmittel (Lexikon; Schulbuch ...). Vielleicht findest du weitere Informationen in der Bibliothek.

 Führe Gespräche und Diskussionen so, dass deine Mitschüler nicht gestört werden.

 Gehe mit dem Material sorgsam um und lege alles wieder an den Platz zurück. Falls etwas fehlt informiere mich sofort.

 Wenn du zu Hause weitere interessante Bücher oder Materialien hast, bringe sie mit und lege sie zu der Station 10.

 Bei der Station 10 kannst du dich etwas erholen.

Viel Spaß!

Schülerblätter

LAUFZETTEL

Name:

	Thema:	erledigt am:
Station 1	Aufbau des Auges	
Station 2	Modell des Auges	
Station 3	Augenfehler	
Station 4	Augenfunktion	
Station 5	Optische Täuschungen	
Station 6	Auflösungsvermögen	
Station 7	Räumliches Sehen	
Station 8	Der Sehvorgang	
Station 9	Mein Auge	
Station 10	Was für die Augen …	
Station 11	Mein Deckblatt	
Station 12	Das muss ich wissen	
Station 13		

LERNZIRKEL DAS AUGE 16

Lexikon

Adaption:

Anpassungsfähigkeit des Auges an verschiedene Helligkeiten durch Erweitern oder Verengen der Pupille.

Aderhaut:

Eine Pigmentschicht, die den Augapfel innen auskleidet. Sie fehlt bei Albinos, deshalb ist deren Augeninneres hell erleuchtet und man sieht die rot durchblutete Netzhaut.

Akkomodation:

Das Auge kann auch bei verschiedenen Gegenstandsweiten ein scharfes Bild auf der Netzhaut erzeugen. Die Krümmung der Linse wird durch den Ringmuskel verändert.

Alterssichtigkeit:

Mit dem Alter nimmt die Elastizität der Augenlinse ab. Die Akkomodation ist nur noch eingeschränkt möglich.

Astigmatismus (Stabsichtigkeit):

Ein Augenfehler der durch eine unregelmäßige Krümmung der Hornhaut hervorgerufen wird.

Auflösungsvermögen:

Die Fähigkeit des Auges, zwei benachbarte Punkte getrennt zu erkennen.

Auge:

Das Lichtsinnesorgan der Tiere und Menschen. Unabhängig voneinander haben sich bei verschiedenen Tiergruppen aus einfachen Fotorezeptoren komplizierte und leistungsfähige Augen entwickelt. Manche Tiere (Regenwurm) können nur Helligkeitsunterschiede wahrnehmen. Bei Insekten findet man meistens Facettenaugen (Komplexaugen) die aus vielen kleinen Einzelaugen mit Linsen zusammengesetzt sind. Wirbeltiere und Menschen haben ein hoch entwickeltes Kameraauge mit einer Linse.

Augenflimmern:

Bei Übermüdung oder Überreizung des Auges und bei ungeeigneten Brillen kann diese Sehstörung auftreten.

Augenspiegel (Ophthalmoskop):

Ein Konkavspiegel zur Untersuchung der Netzhaut, der im Mittelpunkt ein Loch hat.

Bindehaut:

Eine Schleimhaut, die den von Augenlidern und der Augenvorderseite gebildeten Bindehautsack auskleidet.

Blende:

In der Regel ein Loch, das den Strahlengang von einem Lichtbündel einengt.

Blindenschrift (Brailleschrift):

Eine Punktschrift, mit deren Hilfe blinde Menschen einen Text lesen können.

Blinder Fleck:

Die Austrittsstelle des Sehnervs durch die Augenwand, in der sich keine Sehzellen befinden.

Braille, Louis (*1809, †1852):

Französischer Blindenlehrer, der 1829 die international gültige Form der Blindenschrift (Brailleschrift) entwickelte.

Brennpunkt:

Der Punkt, in dem sich achsenparallele Lichtstrahlen nach der Sammellinse treffen.

Brennweite:

Der Abstand des Brennpunkts vom Mittelpunkt der Sammellinse.

Brille:

Bereits im 14. Jahrhundert wurden Linsen zur Verbesserung der Sehfähigkeit eingesetzt. Kurz- und Weitsichtigkeit können mit Zerstreuungslinsen bzw. Sammellinsen korrigiert werden. Bei Bifokalgläsern ist der obere Teil für Fernsicht, der untere für Nahsicht geschliffen. Die Stärke der Linse wird in Dioptrie angegeben.

Lexikon

Dioptrie (dpt):
Hiermit gibt man die Brechkraft einer Linse an. Sie ist als der Kehrwert der Brennweite f definiert (1 dpt= 1/m).

Gefäßhaut:
Die Aderhaut des Auges.

Gelber Fleck:
Mit 300.000 Zapfen ist dies die Stelle beim Menschen des schärfsten Sehens.

Gerstenkorn:
Die Vereiterung einer Drüse am Rand des Augenlids.

Gesichtsfeld:
Der Raum, der vom Auge eingesehen werden kann.

Glasauge:
Ein künstlicher gläserner Augapfel zum Schutz der leeren Augenhöhle.

Glaskörper:
Eine durchsichtige gallertartige Masse im Augeninnenraum, der dem Augapfel die Form gibt.

Grauer Star:
Durch Alterung oder Stoffwechselstörungen kommt es zu einer Linsentrübung. Diese Krankheit kann operativ behandelt werden. Hierbei wird die Linse entfernt und durch ein Künstliches Implantat ersetzt.

Grüner Star:
Eine Augenkrankheit, die durch zu hohen Innendruck im Augapfel entsteht und zur völligen Erblindung führen kann.

Hornhaut:
Der vordere und durchsichtige Teil der Lederhaut.

Hypermetropie:
Durch einen Brechungsfehler hervorgerufene Übersichtigkeit.

Iris (Regenbogenhaut):
Der Teil des Auges mit Farbpigmenten und Ringmuskel.

Kurzsichtigkeit:
Nur auf kurze Entfernungen ist das scharfe Sehen noch möglich. Durch eine zu starke Brechung in der Linse oder durch Verformung des Augapfels ist er Brennpunkt der Strahlen vor der Netzhaut.

Linse:
Ein durchsichtiger Körper, der den Lichtweg verändert.

Mattscheibe:
Auf einer Glasplatte wird eine Seite mattiert. Dadurch kann auf ihrer Oberfläche ein reelles Bild entstehen, das von der Rückseite aus beobachtet wird.

Nachtblind:
Subjektive Seherscheinung in Folge starker Reizung der Sehzellen.

Nachtsichtigkeit:
Vermindertes Sehvermögen durch Netzhautüberempfindlichkeit gegenüber Helligkeit (angeboren bei Albinismus und totaler Farbblindheit).

Netzhautablösung:
(Teilweises) Ablösen der Netzhaut von der Aderhaut. Dadurch werden die Sehzellen geschädigt, der Betroffene nimmt schwarze Flecken wahr.

Ophthalmometer:
Apparat zur Messung von Hornhaut- und Linsenkrümmung des Auges.

Schülerblätter

Lexikon

Optische Täuschung:

Die Informationen werden von dem Sehnerv in das Großhirn weitergeleitet und mit vorhandenen Erfahrungen verknüpft. Hierbei können aber auch falsche Ergebnisse entstehen.

Pupille (Sehloch):

Sie regelt den Lichteinfall ins Auge und bestimmt die Schärfentiefe.

Sammellinse (Konvexlinse):

Eine Linse, die am Rand dünner ist als in der Mitte. Sie bündelt die Lichtstrahlen im Brennpunkt.

Sinnesorgan:

Mit ihm werden Informationen aus der Umgebung aufgenommen und zur Weiterverarbeitung an das Nervensystem geleitet.

Sehnerv:

Er leitet die Informationen in das Großhirn.

Sehwinkel:

Der Winkel, innerhalb dessen Gegenstände wahrgenommen werden.

Sehzellen (Lichtrezeptoren):

Der Mensch besitzt 2 Arten von Lichtsinneszellen, 7 Mio. Zapfen für das Farbensehen und 120 Mio. Stäbchen für das Hell-Dunkel-Sehen.

Spaltlampe:

Sie dient zur genauen Untersuchung des Augeninnern.

Stäbchen:

Der Abschnitt der Sehzelle, der zur Aufnahme des Lichtreizes dient. Die Stäbchen haben eine schlanke zylinderförmige Gestalt und sind für das Hell-Dunkel-Sehen zuständig.

Stereofotographie:

Mit einer Stereokamera werden von einem Gegenstand zwei Bilder im Augenabstand gemacht. Diese Bilder erzeugen mit einem Stereoprojektor einen räumlichen Eindruck.

Tränen:

Die Tränendrüsen liefern diese salzhaltige Flüssigkeit. Sie schützt das Auge vor dem Eintrocknen und spült kleine Fremdkörper aus dem Auge.

Übersichtigkeit:

Durch eine zu geringe Brechung in der Linse oder durch Verformung des Augapfels ist der Brennpunkt der Strahlen hinter der Netzhaut. Nur auf weitere Entfernung ist das Scharfsehen noch möglich.

Zapfen:

Der Abschnitt der Sehzelle, der zur Aufnahme des Lichtreizes dient. Die Zapfen haben eine dickbauchige Gestalt und sind für das Farbensehen zuständig.

Ziliarkörper:

Dieser Ringmuskel hält die Linse in ihrer Lage fest. Er kann die Wölbung der Linse und damit ihre Brechkraft verändern.

Zerstreuungslinse (Konkavlinse):

Eine Linse, die am Rand dicker ist als in der Mitte.

Stations-Schilder

Station 1: Aufbau des Auges

Material:
- Arbeitsblätter
- Physikbuch
- Biologiebuch
- Briefumschlag mit Lösungen

Arbeitsaufträge:
- Nimm dir ein Arbeitsblatt.
- Fülle mit Hilfe der Bücher das Arbeitsblatt aus.
- Kontrolliere mit Hilfe der Lösungen im Briefumschlag.
- Nimm dein Arbeitsblatt mit und hefte es in deine Arbeitsmappe.

Station 2: Modell des Auges

Material:
- Arbeitsblätter
- Augenmodell
- Biologiebuch
- Physikbuch
- Linse
- Lochblende
- Mattscheibe
- Briefumschlag mit Lösungen

Arbeitsaufträge:
- Nimm dir ein Arbeitsblatt.
- Untersuche das Augenmodell. Baue das Modell auseinander und wieder zusammen. Welche Teile des Auges erkennst du? Notiere auf deinem Arbeitsblatt.
- Baue mit den optischen Geräten ein einfaches Augenmodell. Skizziere dieses Modell auf deinem Arbeitsblatt und hefte das Blatt in deine Mappe. Kontrolliere mit Hilfe der Lösung im Briefumschlag, ob du das Modell richtig gebaut hast.
- Lege die optischen Geräte wieder auf den Tisch.

Stations-Schilder

LERNZIRKEL DAS AUGE
Station 3 — Augenfehler

Material:

Arbeitsblätter
Sehtest-Wandtafel
farbige Kreise
Physikbuch
Biologiebuch
zwei Brillen
Briefumschlag mit Lösungen
Briefumschlag mit Hilfen für die Zusatzaufgabe

Arbeitsaufträge:

- Nimm dir ein Arbeitsblatt.
- Überprüfe deine Sehstärke! Betrachte dazu mit einem Auge die Wandtafel aus 5m Entfernung. (Halte dir das andere Auge mit der Hand zu.) Bis zu welcher Zeile kannst du die Buchstaben erkennen? Notiere dir diese Zeilennummer auf deinem Arbeitsblatt.
- Bist du rot-grün-blind? Betrachte die Farbkreise! Notiere auf deinem Arbeitsblatt was du erkennst.
- Beantworte die Fragen auf dem Arbeitsblatt. Nimm die Bücher zu Hilfe. Hefte das Blatt in deine Arbeitsmappe.

LERNZIRKEL DAS AUGE
Station 4 — Augenfunktion

Material:

Arbeitsblätter Nr. 1
Arbeitsblätter Nr. 2
Physikbuch
Taschenlampe
Briefumschlag mit Lösungen

Arbeitsaufträge:

- Nimm dir ein Arbeitsblatt Nr. 1 und führe die folgenden 3 Versuche durch:
  1. Leuchte mit der Taschenlampe deinem Partner/ deiner Partnerin in die Augen! Was beobachtest du?
  2. Halte das Bild 1 mit ausgestrecktem Arm vor die Augen. Schließe das linke Auge und fixiere mit dem rechten Auge das Dreieck. Was geschieht, wenn du das Bild langsam auf das Auge zu bewegst?
  3. Betrachte das kleine weiße Kreuz in Bild 2 und zähle dabei bis 60. Schaue dann auf das kleine schwarze Kreuz! Was siehst du?
- Nimm dir ein Arbeitsblatt Nr. 2, fülle es aus und hefte beide Arbeitsblätter in deine Mappe.

Stations-Schilder

LERNZIRKEL DAS AUGE
Station 5 — Optische Täuschung

Material:

Arbeitsblätter Nr. 1
Arbeitsblätter Nr. 2
Geodreieck

Arbeitsaufträge:

- Nimm dir je ein Arbeitsblatt Nr. 1 und Nr. 2.
- Betrachte die Bilder auf den Arbeitsblättern und beantworte die Fragen.
- Überprüfe mit dem Geodreieck deine Antworten. Notiere dir auch diese Ergebnisse und hefte die Blätter in deine Arbeitsmappe.

LERNZIRKEL DAS AUGE
Station 6 — Auflösungsvermögen

Material:

Arbeitsblätter
Plakat mit Linien
Metermaß
weißes Papier

Arbeitsaufträge:

- Nimm dir ein Arbeitsblatt.
- Befestige das Plakat an der Wand. Beobachte das Plakat aus verschiedenen Entfernungen. Diskutiere die Beobachtungen mit deinem Partner/deiner Partnerin und schreibe sie auf das Arbeitsblatt.
- Auf dem Arbeitsblatt findest du danach einen Versuch. Führe ihn durch und fülle dabei die Tabelle aus. Trage anschließend die Werte aus der Tabelle in das Koordinatensystem ein.
- Hefte das Arbeitsblatt in deine Mappe.

Stations-Schilder

LERNZIRKEL DAS AUGE
Station 7 — Räumliches Sehen

Material:

- Arbeitsblätter
- Metermaß
- Sonnenbrille
- Stativ mit Muffe
- Faden (ca. 150 cm)
- Golfball
- Graufilter
- Briefumschlag mit Lösungen
- Briefumschlag mit Informationen

Arbeitsaufträge:

- Nimm dir ein Arbeitsblatt.
- Untersuche deine Reaktionszeit mit dem dort beschriebenen Versuch 1. Fülle dazu den linken Teil des Arbeitsblattes aus.
- Baue jetzt den Versuch 2 auf, führe ihn durch und notiere deine Beobachtungen auf dem Arbeitsblatt. Nimm – wenn nötig – den Briefumschlag mit den Lösungen zur Hilfe.
- Lies dir zum Schluß die Informationen aus dem Briefumschlag durch.
- Hefte dein Arbeitsblatt in deine Mappe.

LERNZIRKEL DAS AUGE
Station 8 — Der Sehvorgang

Material:

- Arbeitsblätter
- Physikbuch
- Biologiebuch
- Briefumschlag Nr. 1 mit Hilfen
- Briefumschlag Nr. 2 mit Hilfen

Arbeitsaufträge:

- Nimm dir ein Arbeitsblatt.
- Informiere dich in den Büchern über den Sehvorgang.
- Beschreibe den Sehvorgang nun auf deinem Arbeitsblatt. Versuche zunächst ohne Hilfe diese Vorgangsbeschreibung anzufertigen.
- Nur wenn du nicht weiter weißt, benutze die Hilfen im Briefumschlag Nr 1.
- Wenn du immer noch Schwierigkeiten hast, findest du weitere Hilfen im Briefumschlag Nr. 2.
- Hefte dein ausgefülltes Blatt in deine Arbeitsmappe.

Stations-Schilder

LERNZIRKEL DAS AUGE
Station 9 | Mein Auge

Material:

Arbeitsblätter
Spiegel
Zeichenmaterial

Arbeitsaufträge:

- Nimm dir ein Arbeitsblatt.
- Zeichne entsprechend der Anleitung dein eigenes Auge auf das Arbeitsblatt. Beachte die Proportionen!
- Vergleiche deine Zeichnung mit der eines Mitschülers/einer Mitschülerin.
- Hefte das Arbeitsblatt in deine Mappe.

LERNZIRKEL DAS AUGE
Station 10 | Was für die Augen ...

Material:

Bücher

Arbeitsaufträge:

- Erhole dich etwas von dem Stress. Suche in der Bibliothek nach Büchern zu dem Thema und stelle sie deinen Mitschülern und Mitschülerinnen vor.

Stations-Schilder

LERNZIRKEL DAS AUGE
Station 11 — Mein Deckblatt

Material: Zeichenmaterial

Arbeitsaufträge:
- Entwerfe für deine Arbeitsmappe ein Deckblatt.

LERNZIRKEL DAS AUGE
Station 12 — Das muss ich wissen

Material:
Arbeitsblätter

zwei Briefumschläge (A und B) mit Partnerkarten

leere Karten

Arbeitsaufträge:
- Nimm dir ein Arbeitsblatt und beantworte die Fragen darauf. Benutze dazu deine Mappe und die Bücher an den anderen Stationen. Hefte das Blatt in deine Mappe.
- In den beiden Briefumschlägen befinden sich jeweils 4 Karten, die auf der einen Seite eine Frage und auf der anderen Seite eine Antwort haben. Dein Partner/deine Partnerin nimmt den einen Briefumschlag, du den anderen. Nun beantwortet ihr euch abwechselnd die Fragen.
- Formuliere auf den leeren Karten weitere Fragen und Antworten.

Stations-Schilder

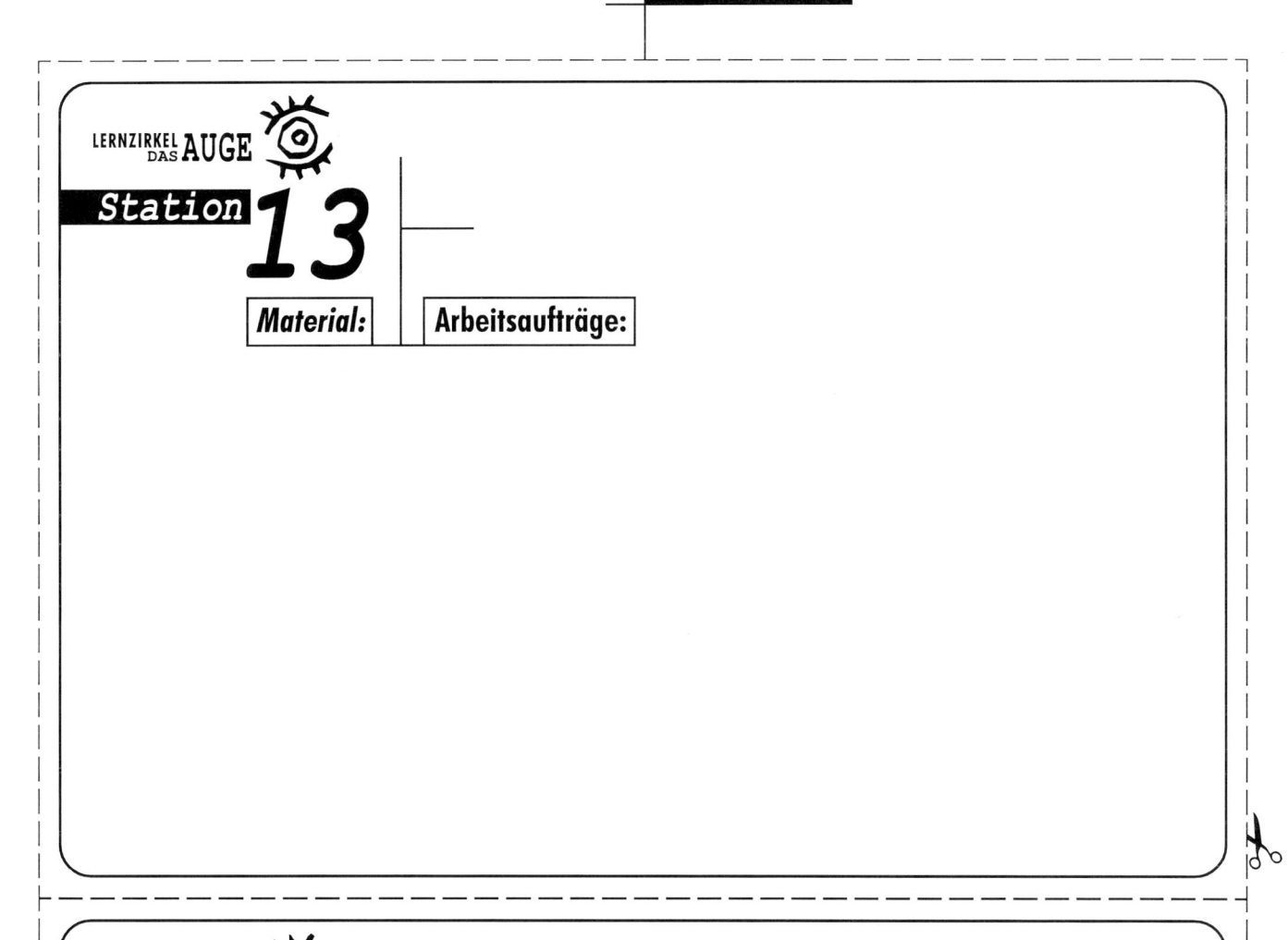

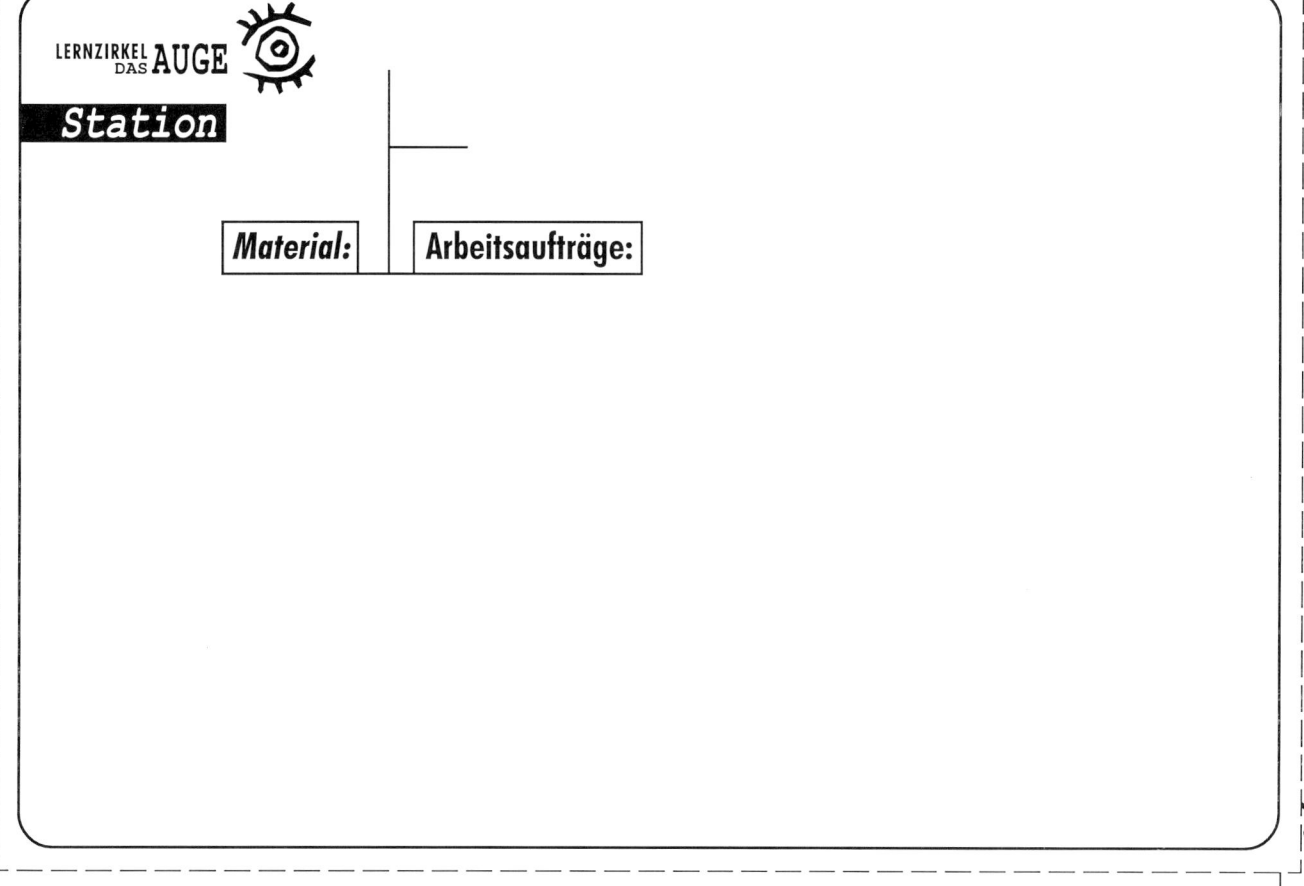

LERNZIRKEL DAS AUGE
Station 13

Material: | **Arbeitsaufträge:**

LERNZIRKEL DAS AUGE
Station

Material: | **Arbeitsaufträge:**

Station 1
Aufbau des Auges

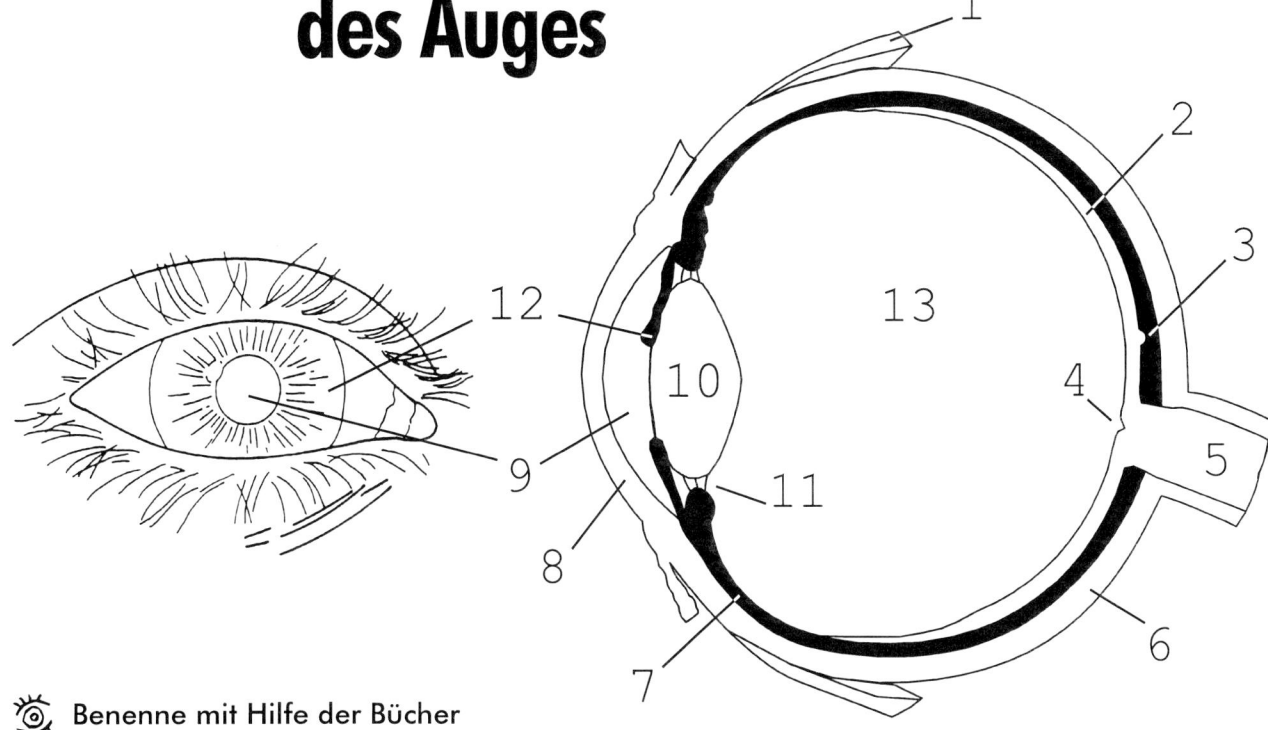

Arbeitsblatt

👁 Benenne mit Hilfe der Bücher die Teile des Auges.

1. _____

2. _____

3. _____

4. _____

5. _____

6. _____

7. _____

8. _____

9. _____

10. _____

11. _____

12. _____

13. _____

LERNZIRKEL DAS AUGE

Station 2
Modell des Auges

Arbeitsblatt

👁 Das Augenmodell besteht aus folgenden Teilen:

_____

_____

_____

👁 Skizziere und beschrifte dein „einfaches" Augenmodell:

Station 3
Augenfehler

Arbeitsblatt

- Bis zu welcher Zeile erkennst du die Buchstaben? _____

- Was erkennst du auf den Farbkreisen? _____

- Wie erzeugt das Auge ein scharfes Bild auf der Netzhaut?

  _____

  _____

- Wie werden die Augenfehler korrigiert?

  Bei Kurzsichtigkeit verwendet man eine _____ .

  Bei Weitsichtigkeit verwendet man eine _____ .

- Kontrolliere deine Antworten der letzten beiden Aufgaben mit Hilfe der Lösungen im Briefumschlag.

- Welcher Fehler wird mit Brille 1, welcher mit Brille 2 korrigiert?

  Brille 1: _____

  Brille 2: _____

- *Zusatzaufgabe für Interessierte:*
  Bestimme die Dioptrien der beiden Brillen.

  Hilfen zu dieser Zusatzaufgabe findest du in dem Briefumschlag.

  Dioptrie (Brille 1): _____

  Dioptrie (Brille 2): _____

Station 4
Augenfunktion

Arbeitsblatt Nr. 1

Bild 1

Bild 2

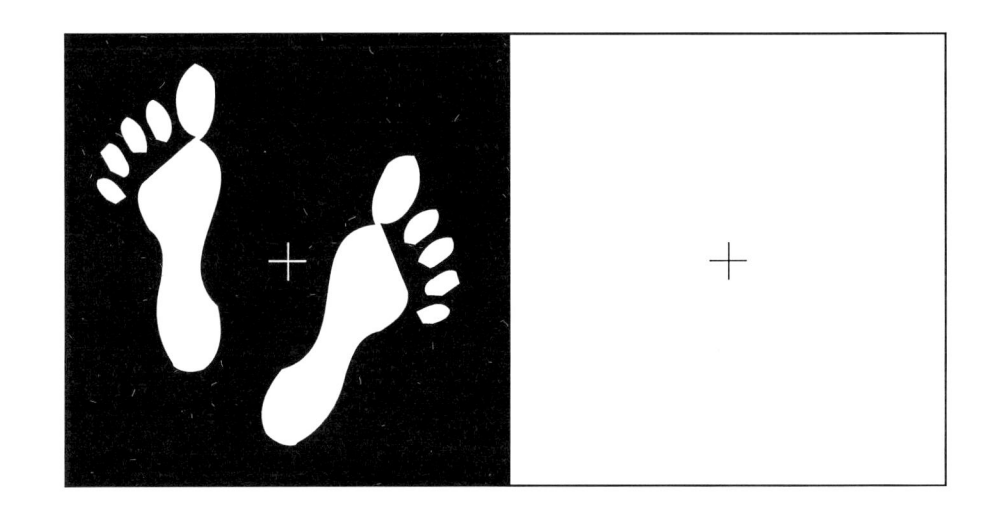

Station 4
Augenfunktion

Arbeitsblatt Nr. 2

■ Versuch 1

Mit der _____ wird die Helligkeit

des Bildes auf der _____ gesteuert.

■ Versuch 2

Wo der _____ auf die Netzhaut trifft können wir kein Bild erkennen. Diese Stelle ist der Blinde Fleck!

Warum funktioniert der Versuch nur, wenn man ein Auge zuhält?

_____

_____

_____

■ Versuch 3

Was meinst du warum man das Bild für einen Moment auf dem weißen Kasten sieht?

_____

_____

Arbeitsblatt Nr. 1

Station 5
Optische Täuschungen

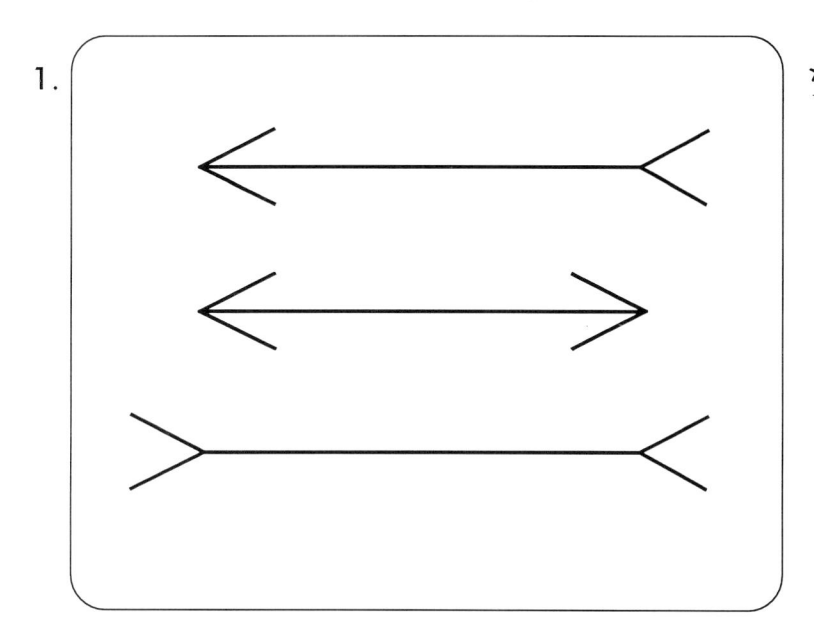

1.

👁 Was kannst du über die Länge der Pfeile sagen?

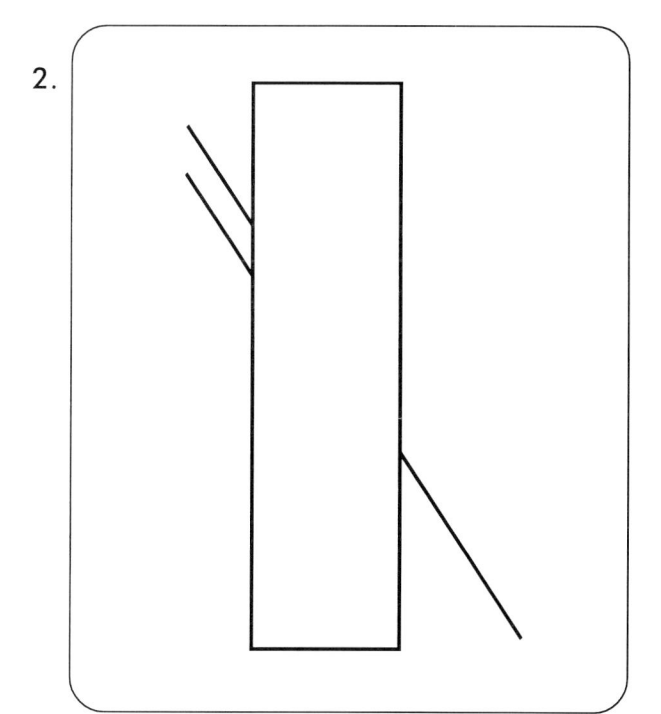

_____

2.

👁 Welche der beiden linken Linien trifft auf die rechte Linie?

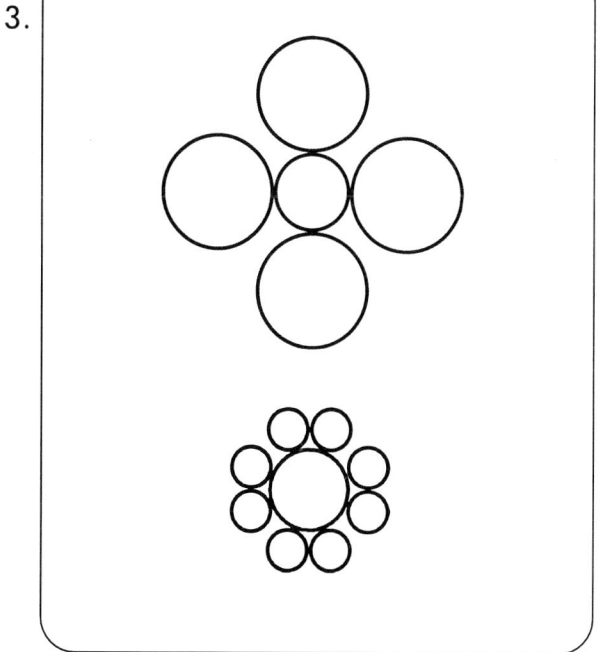

_____

3.

👁 Welcher der mittleren Kreise ist größer?

_____

Station 5
Optische Täuschungen

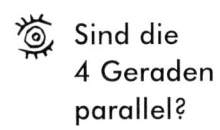

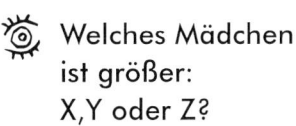

Arbeitsblatt Nr. 2

4.

👁 Sind die 4 Geraden parallel?

_____

5.

👁 Welches Mädchen ist größer: X, Y oder Z?

_____

Station 6
Auflösungsvermögen des Auges

Arbeitsblatt

👁 Das habe ich beobachtet:

_____

■ Versuch:

👁 Beobachte die Striche aus einer Entfernung **e** von genau 2 Metern (nimm das Metermaß zur Hilfe). Dein Partner/deine Partnerin verdeckt dabei die Striche der Grafik mit dem weißen Blatt: Er oder sie zieht es langsam von rechts aus nach links. So weit, bis du keine Graufläche mehr siehst, sondern die einzelnen Striche erkennen kannst. Den Abstand **a** zwischen den Striche könnt ihr jetzt auf dem Plakat ablesen und in die Tabelle eintragen. Wiederhole diesen Vorgang für die folgenden Entfernungen: 4m, 6m, 8m, 10m, 12m.

e in cm						
a in mm						
a/e						

👁 Trage die Werte in das Koordinatensystem ein.

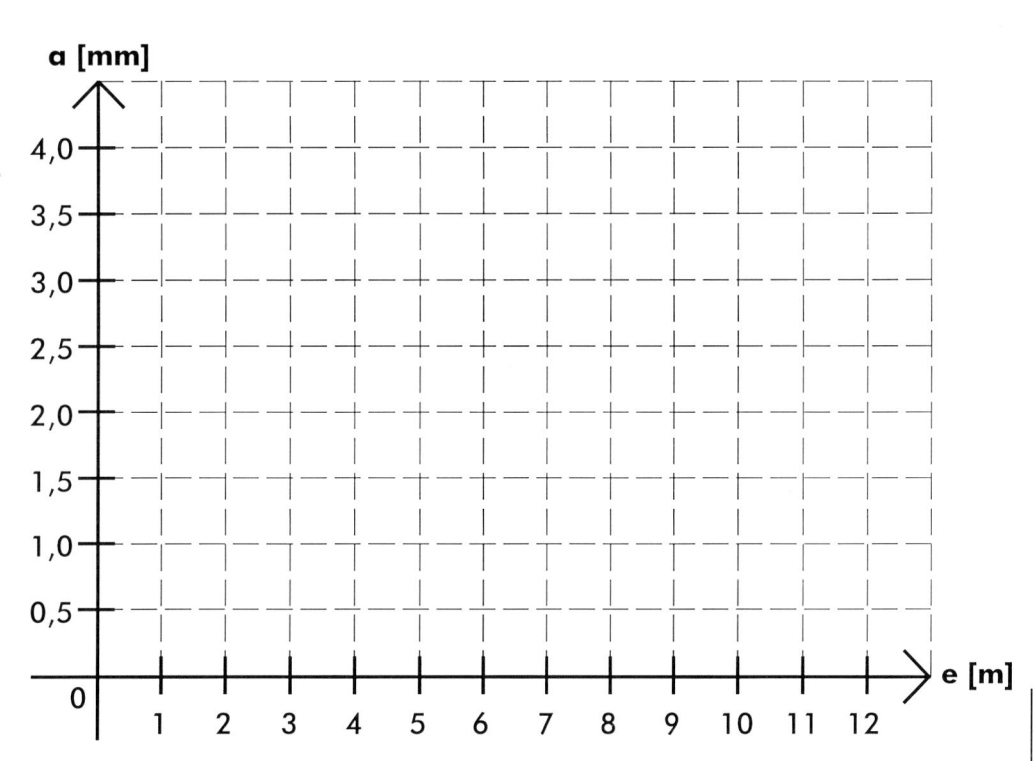

Station 7
Räumliches Sehen

Arbeitsblatt

■ Versuch 1: Reaktionszeit

Dein Partner oder deine Partnerin hält das Metermaß mit dem Nullpunkt nach unten an die Wand. Setze die Sonnenbrille auf und halte den Daumen mit einem kleinen Abstand über den Nullpunkt. Das Metermaß wird plötzlich fallen gelassen und du musst versuchen es möglichst schnell an die Wand zu pressen. Wiederhole den Versuch fünf mal und notiere die Werte (z.B. 20 cm). Anschließend wird der Versuch ohne Sonnenbrille durchgeführt. Notiere auch hier die Werte.

Bilde aus beiden Messreihen den Mittelwert und vergleiche diese.

	mit Sonnenbrille	ohne Sonnenbrille
1. Messung		
2. Messung		
3. Messung		
4. Messung		
5. Messung		
Mittelwert		

Ergebnis:

Wenn ich das Metermaß _____ Sonnenbrille fange, dann ist die Reaktionszeit _____ .

■ Versuch 2: Pulfrichsches Pendel

Aufbau:
Baue den Versuch wie in Bild 1 gezeigt auf!

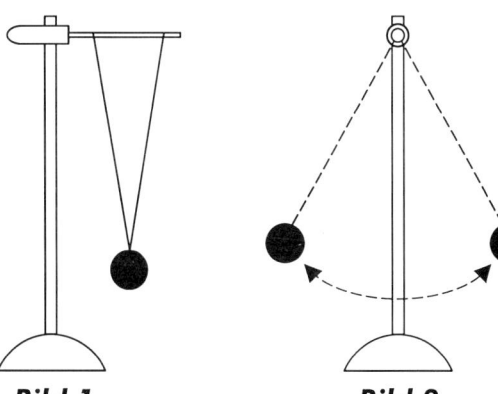

Bild 1
Sicht von der Seite

Bild 2
Sicht von vorne

Durchführung:
Lass den Golfball hin und her schwingen (Bild 2). Warte, bis der Golfball „sauber" pendelt, sich also nur in einer Ebene bewegt. Beobachte nun die Bewegung aus ungefähr 150 cm Entfernung.
Halte jetzt den Graufilter vor ein Auge und beobachte mit beiden Augen die Bewegung!
Wenn du eine Veränderung feststellst, notiere diese.
Falls dir nichts auffällt, öffne den Briefumschlag mit der Lösung und beobachte anschließend die Bewegung noch einmal!

_____

_____

_____

Station 8
Der Sehvorgang

Arbeitsblatt

👁 Beschreibe den Sehvorgang:

Arbeitsblatt

Station 9
Mein Auge

👁 Zeichne Schritt für Schritt dein Auge.

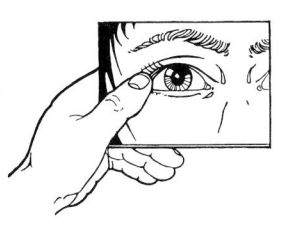

1.

2.

3.

4.

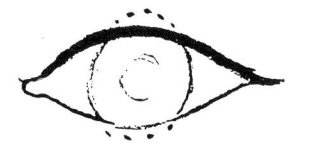

5.

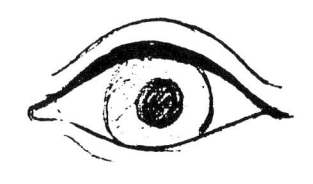

6.

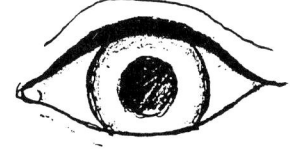

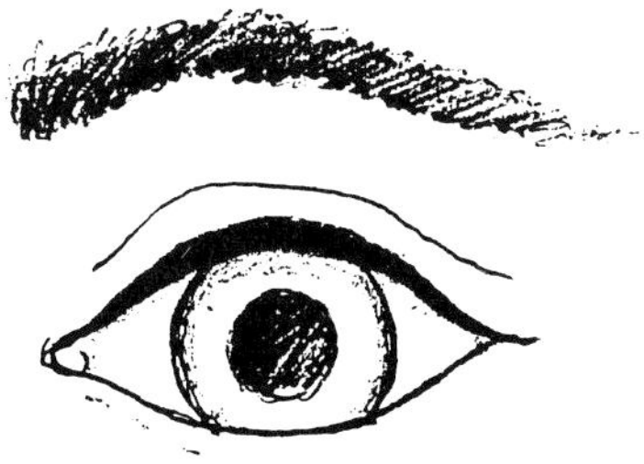

7.

LERNZIRKEL DAS AUGE

© Verlag an der Ruhr, Postfach 10 22 51, 45422 Mülheim an der Ruhr

Station 12

Das muss ich wissen

Arbeitsblatt

1. Was ist der blinde Fleck und wo befindet er sich?

   _____

   _____

2. Welche Funktion hat die Pupille?

   _____

   _____

3. Wie erzeugt das Auge ein scharfes Bild auf der Netzhaut?

   _____

   _____

4. Die Kamera und das Auge haben viele Gemeinsamkeiten. Es gibt aber in der Funktionsweise wesentliche Unterschiede. Beschreibe diese!

   _____

   _____

5. Viele Menschen benutzen eine Brille als Sehhilfe. Welche Augenfehler können damit korrigiert werden?

   _____

   _____

6. Begründe warum ein Autofahrer, der mit Sonnenbrille fährt, besser auf den Verkehr achten muss.

   _____

   _____

7. Das Auge ist ein empfindliches Sinnesorgan. Durch welche Teile wird das Auge geschützt?

   _____

   _____

Zusatzfragen:

8. In der Netzhaut befinden sich die Lichtsinneszellen. Wie nennt man die verschieden Sorten?

   _____

   _____

   _____

9. Wie unterscheiden sich die beiden Lichtsinneszellen und wo befinden sie sich?

   _____

   _____

   _____

10. Wenn du einen etwas dunkleren Stern am Himmel beobachten willst, musst du etwa 15° an ihm vorbeischauen. Erkläre!

    _____

    _____

    _____

LERNZIRKEL DAS AUGE

Lösungen und Hilfen

Lösung bzw. Hilfe kopieren, ausschneiden und in den Briefumschlag stecken. Das zugehörige Etikett ebenfalls kopieren und ausschneiden und dann auf den Briefumschlag kleben.

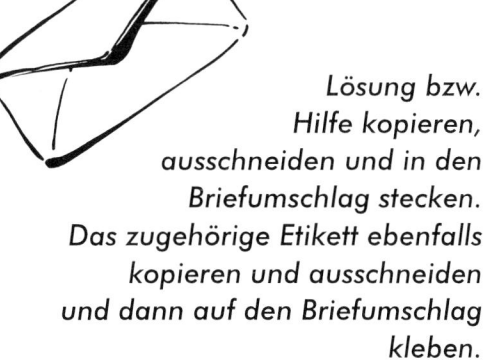

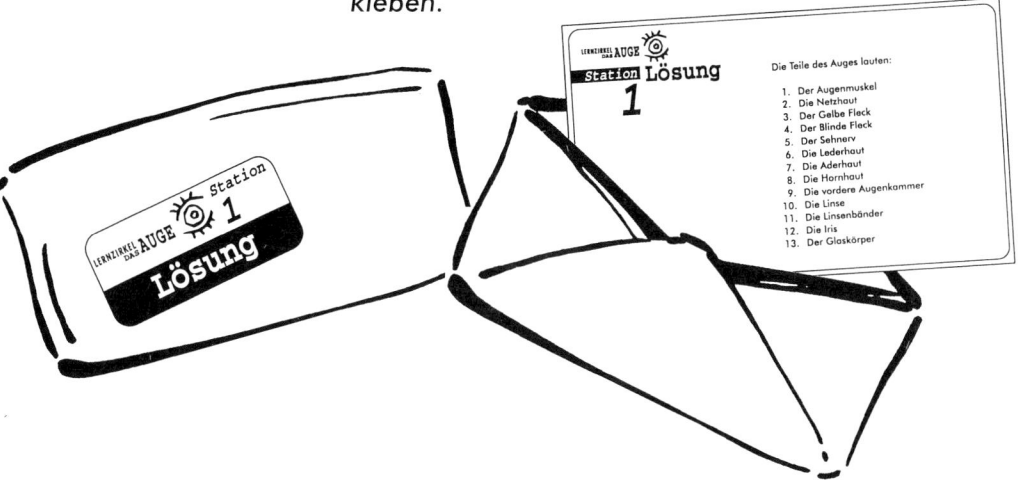

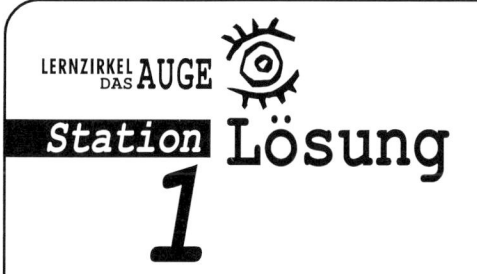

LERNZIRKEL DAS AUGE

Station 1 Lösung

Die Teile des Auges lauten:

1. Der Augenmuskel
2. Die Netzhaut
3. Der Gelbe Fleck
4. Der Blinde Fleck
5. Der Sehnerv
6. Die Lederhaut
7. Die Aderhaut
8. Die Hornhaut
9. Die vordere Augenkammer
10. Die Linse
11. Die Linsenbänder
12. Die Iris
13. Der Glaskörper

LERNZIRKEL DAS AUGE Station 1

Lösung

LERNZIRKEL DAS AUGE

39

© Verlag an der Ruhr, Postfach 10 22 51, 45422 Mülheim an der Ruhr

Lösungen und Hilfen

LERNZIRKEL DAS AUGE — Station 2 Lösung

So wird das einfache Augenmodell aufgebaut:

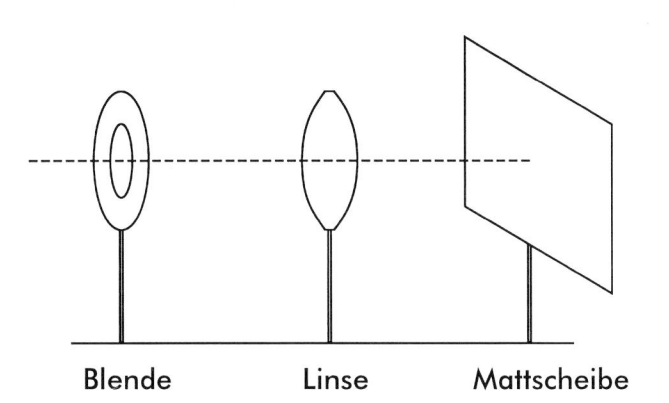

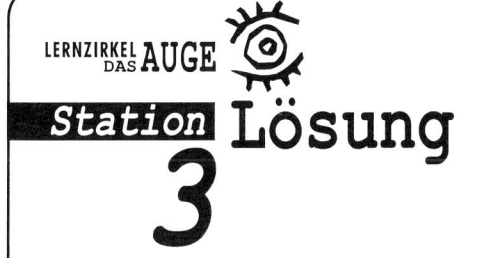

Blende — Linse — Mattscheibe

LERNZIRKEL DAS AUGE — Station 3 Lösung

Wie erzeugt das Auge ein scharfes Bild auf der Netzhaut?
Die Linsenbänder verändern die Krümmung der Linse und damit die Brennweite.

Wie werden die Augenfehler korrigiert?
Bei Kurzsichtigkeit verwendet man eine **Zerstreuungslinse.**
Bei Weitsichtigkeit verwendet man eine **Sammellinse.**

Lösungen und Hilfen

LERNZIRKEL DAS AUGE

Station 3 — Hilfe zur Zusatzaufgabe

Unter Dioptrie versteht man die Brechkraft der Linse.
Die Brechkraft ist gleich dem Kehrwert der Brennweite f in Meter:
$1 \text{ dpt} = 1 \text{ m}^{-1}$.
Um die Brennweite einer Linse zu bestimmen,
musst du dir eine Lichtquelle mit parallelem Licht besorgen.

Bestimmung der Brennweite einer Zerstreuungslinse:

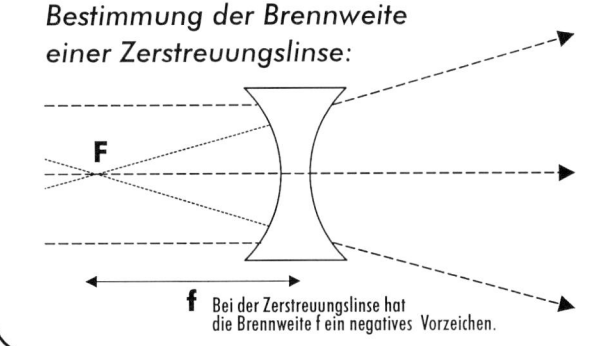

f — Bei der Zerstreuungslinse hat die Brennweite f ein negatives Vorzeichen.

Bestimmung der Brennweite einer Sammellinse:

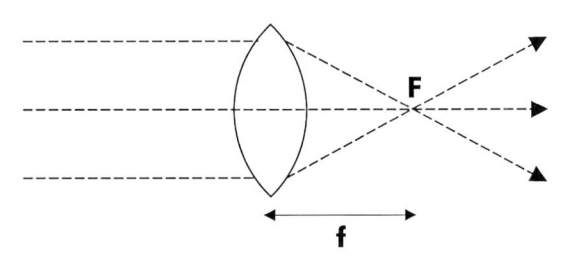

f

LERNZIRKEL DAS AUGE

Station 4 — Lösung

Versuch 1: Mit der **Pupille** wird die Helligkeit des Bildes auf der **Netzhaut** gesteuert.

Versuch 2: Wo der **Sehnerv** auf die Netzhaut trifft können wir kein Bild erkennen. Diese Stelle ist der Blinde Fleck!
Warum funktioniert der Versuch nur, wenn man ein Auge zuhält?
Das Bild entsteht nur in einem Auge auf dem Blinden Fleck.

Versuch 3: **Durch die lange Beobachtungszeit sind die Sehzellen stark gereizt und senden weiterhin Informationen an unser Gehirn. Dadurch entsteht für kurze Zeit das Nachbild.**

LERNZIRKEL DAS AUGE — Station 7 — Lösung

Station 7 Lösung

Das sollst du beobachten:

1. Wenn du den Golfball mit dem Graufilter beobachtest, dann scheint er seine Größe zu verändern.

2. Wenn du den Golfball mit dem Graufilter beobachtest, dann scheint er auf einer elliptischen Bahn zu verlaufen.

Station 7 Info

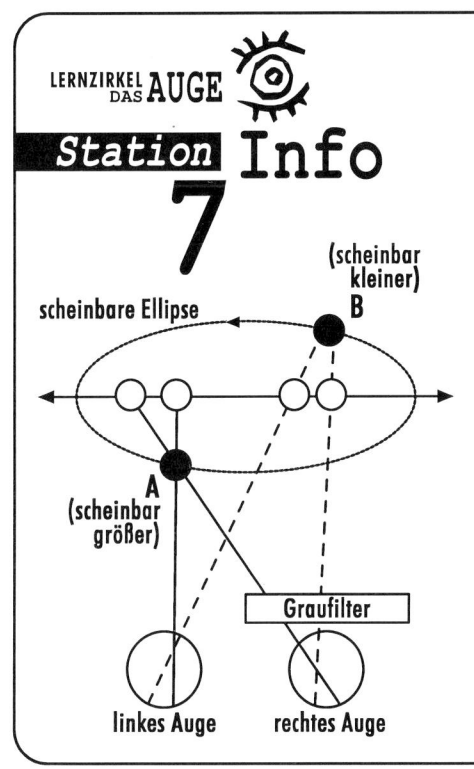

Deine Beobachtung kann man mit dem Versuch 1 (Reaktionszeit) erklären! Unser Gehirn bearbeitet die Informationen von beiden Augen. Es geht davon aus, dass für beide Augen dieselben Bedingungen vorliegen. Im Versuch 1 stellst du fest, dass die Reaktionszeit unterschiedlich ist, wenn du es mit oder ohne Sonnenbrille probierst. Entsprechend sieht im Versuch 2 (Pulfrichsches Pendel) das Auge *mit* dem Graufilter den bewegten Golfball an einem anderen Ort als das Auge *ohne* Filter. Das Gehirn erhält *zwei* Bilder, die den Ball *gleichzeitig an verschiedenen Orten* zeigen!
Die Abbildung zeigt die Orte A bzw. B, wo sich der Ball <u>scheinbar</u> befindet. In der gesamten Pendelbewegung wirkt das dann so, als ob der Golfball seine Größe verändern oder auf einer elliptischen Bahn laufen würde.
Alles klar?

(Abbildung: scheinbare Ellipse; A (scheinbar größer); B (scheinbar kleiner); Graufilter; linkes Auge, rechtes Auge)

Lösungen und Hilfen

LERNZIRKEL DAS AUGE — Station 8

1. Hilfe

LERNZIRKEL DAS AUGE

Station 8: Erste Hilfen zur Vorgangsbeschreibung

1. Erkläre zunächst, warum wir einen Gegenstand sehen.
2. Beachte die Arbeitsblätter von Station 2 oder Station 3.
3. Verwende folgende Begriffe:
   - Die Pupille
   - Die Linse
   - Die Brennweite
   - Die Netzhaut
   - Der Sehnerv
   - Das Gehirn
   - Der blinde Fleck
   - Der gelbe Fleck
   - Die Brille

LERNZIRKEL DAS AUGE

Station 8: Noch mehr Hilfen zur Vorgangsbeschreibung

Bilde Sätze mit folgenden Begriffen:

1. Gegenstand – ausgehen – Lichtstrahl
2. Lichtstrahl – treffen – Auge
3. Pupille – steuern – Helligkeit
4. Linsen – erzeugen – Bild
5. Linsen – verändern – Brennweite – dick/dünn
6. Netzhaut – befinden – Sehzellen – reizen
7. Sehnerv – weiterleiten – Information – Gehirn
8. Blinder Fleck – sein – Sehnerv
9. Gelber Fleck – haben – Sehzellen
10. Brille – korrigieren – Sehfehler

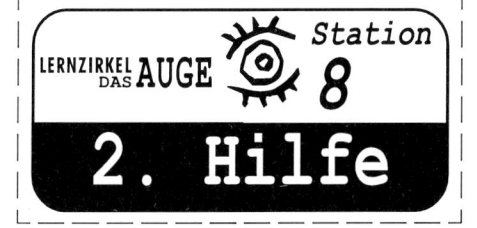

LERNZIRKEL DAS AUGE — Station 8

2. Hilfe

Literatur

zum Thema: Lernzirkel/ Offener Unterricht

Hartmut Hoefs
Offenheit macht Schule
Verlag an der Ruhr 1996
ISBN 3-86072-240-9

Anders Weber
Werkstattunterricht
Verlag an der Ruhr 1998
ISBN 3-86072-377-4

Roland Bauer
Schülergerechtes Arbeiten in der Sekundarstufe I: Lernen an Stationen in der Sekundarstufe
Cornelsen Verlag 1997
ISBN 3-589-21117-2

Ulrich Hecker
Freie Arbeit – Schritt für Schritt
Verlag an der Ruhr 1987

Monika Schulte-Rentrop
Lernzirkel: Bruchrechnen aktiv
Verlag an der Ruhr
ISBN 3-86072-262-X

zum Thema: Sinne/Auge

Praxis der Naturwissenschaften Physik
Heft 7/46

Uwe Rist
Sinne erschließen die Umwelt
Verlag an der Ruhr 1995
ISBN 3-86072-203-4

Malcom Dixon/Karen Smith
Ich und mein Körper
Verlag an der Ruhr 1998
ISBN 3-86072-347-2

Tarnowski, Wolfgang u. Kathrin
Unser Körper Was ist was?
Tessloff Verlag ^{9}1997
ISBN 3-7886-2900-2

zum Thema: Sehen

Optische Täuschungen
Buch-Aktiv-Box
ars Edition 1997
ISBN 3-7607-5458-9

Optische Experimente
Activity-Pack
Ars Edition 1998
ISBN 3-7607-5567-4

Anamorphosen. Verzerrte Bilder
Buch-Aktiv-Box
ars Edition 1996
ISBN 3-7607-5459-7

Kino
Buch-Aktiv-Box
ars Edition 1996
ISBN 3-7607-5454-6

Die Lichteffekte-Box
ars Edition 1996
ISBN 3-7607-4650-0

Tom Baccei
Das magische Auge Bd. 1
ars Edition 1994
ISBN 3-7607-8297-3

Tom Baccei
Das magische Auge Bd. 2
ars Edition 1994
ISBN 3-7607-1105-7

Tom Baccei
Das magische Auge Bd. 3
ars Edition 1995
ISBN 3-7607-1128-6

Joachim Bublath
Das knoff-hoff Buch – Bd. 3
Heyne Verlag 1996
ISBN 3-453-09135-3

K. Velhagen/D. Broschmann (Hg.)
Tafeln zur Prüfung des Farbensinnes
Thieme ^{31}1997
ISBN 3-13-412331-2

Tafeln zur Prüfung des Farbsinns nach Ishihara oder nach Matsubara
zu beziehen bei:
Fa. Oculus Optik Geräte GmbH
Münchholzhäuserstr. 29
35582 Wetzlar

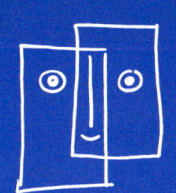

Verlag an der Ruhr
NICHT NUR EINE UNTERRICHTSEINHEIT
Mehr in unserem kostenlosen Gesamtkatalog.

Spiele zu Kinder- und Jugendbüchern
Ab 14 J., 136 S., 16 x 23 cm, Pb.
ISBN 3-86072-419-3
Best.-Nr. 2419
28,- DM/sFr/204,- öS

Keine Angst vor Referaten
Ein Lern- und Trainingsbuch
Ab 14 J., 100 S., A5, Pb.
ISBN 3-86072-242-5
Best.-Nr. 2242
16,80 DM/sFr/123,- öS

Das große Übungsbuch zur neuen Rechtschreibung
Informationen, Spiele, Übungen, Lernzirkel
OS/Sek. I, 160 S., A4, Pb.
ISBN 3-86072-301-4
Best.-Nr. 2301
38,- DM/sFr/277,- öS

Sprachschatz
Werkstatt für einen kreativen Sprachunterricht
Kl. 4-6, 103 S., A4, Papph.
ISBN 3-86072-271-9
Best.-Nr. 2271
36,- DM/sFr/263,- öS
In der Schweiz:
ISBN 3-908256-02-X

Lesetraining – vom Amateur zum Profi
Techniken, Spiele, Tricks
Ab Kl. 5, 103 S., A4, Pb.
ISBN 3-86072-201-8
Best.-Nr. 2201
38,- DM/sFr/277,- öS

Projekt Tod
Materialien und Projektideen
Ab 13 J., 136 S., A4, Pb.
ISBN 3-86072-285-9
Best.-Nr. 2285
36,- DM/sFr/263,- öS

Kinder im Krieg – Kinder gegen den Krieg
Ein Aktions- und Informationsbuch Für LehrerInnen
214 S., 16 x 23 cm, Pb.
ISBN 3-86072-446-0
Best.-Nr. 2446
29,80 DM/sFr/218,- öS

„In Auschwitz wurde niemand vergast"
60 rechtsradikale Lügen und wie man sie widerlegt
Ab 13 J., 184 S., 16x23 cm, Pb.
ISBN 3-86072-275-1
Best.-Nr. 2275
24,80 DM/sFr/181,- öS

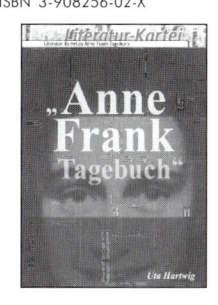

Literatur-Kartei:
„Anne Frank Tagebuch"
Ab Kl. 6/7, 90 S., A4, Papph.
ISBN 3-86072-406-1
Best.-Nr. 2406
38,- DM/sFr/277,- öS

Projekthandbuch:
Gewalt und Rassismus
Ab 12 J., 352 S., 15,3 x 22 cm, Pb.
ISBN 3-86072-104-6
Best.-Nr. 2104
19,80 DM/sFr/145,- öS

Lernzirkel:
Der Satz des Pythagoras
Ab Kl. 9, 104 S., A4, Pb.
ISBN 3-86072-425-8
Best.-Nr. 2425
36,- DM/sFr/263,- öS

Lern- und Übungskartei Dreisatz
Ab Kl. 7, 64 S., A4, Papph.
ISBN 3-86072-424-X
Best.-Nr. 2424
33,- DM/sFr/241,- öS

Die Mathe-Merk-Mappe Klasse 5
Ab 10 J., 104 S., A4, Pb.
ISBN 3-86072-389-8
Best.-Nr. 2389
32,- DM/sFr/234,- öS

Suchtprävention: Das Ecstasy-Projekt
Ab 14 J., 78 S., A4, Papph.
ISBN 3-86072-2395-2
Best.-Nr. 2395
36,- DM/sFr/263,- öS

Lebensfragen:
Eine Persönlichkeit sein
Ab 14 J., 64 S., A4, Papph.
ISBN 3-86072-372-3
Best.-Nr. 2372
36,- DM/sFr/263,- öS

Ich … werde erwachsen
Arbeitsblätter Sexualerziehung
Ab 9 J., 49 S., A4, Papph.
ISBN 3-86072-348-0
Best.-Nr. 2348
28,- DM/sFr/204,- öS

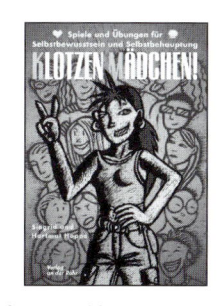

Klotzen Mädchen!
Spiele und Übungen für Selbstbewusstsein und Selbstbehauptung
Ab 12 J., 94 S., A4, Pb.
ISBN 3-86072-391-X
Best.-Nr. 2391
29,80 DM/sFr/218,- öS

Mein Betriebspraktikum
Ab Kl. 8, 56 S., A4, Papph.
ISBN 3-86072-423-1
Best.-Nr. 2423
30,- DM/sFr/219,- öS

Agenda 21 – Wir bauen unsere Zukunft
9–13 J., 152 S., A4, Pb., vierfarbig
ISBN 3-86072-411-8
Best.-Nr. 2411
39,80 DM/sFr/291,- öS

Multikulti: Konflikte konstruktiv
Trainingshandbuch Mediation in der interkulturellen Arbeit
Ab 14 J., 183 S., 16 x 23 cm, Pb.
ISBN 3-86072-429-0
Best.-Nr. 2429
28,- DM/sFr/204,- öS

Verlag an der Ruhr • Postfach 10 22 51 • D-45422 Mülheim an der Ruhr • Tel.: 0208/495040 • Fax: 0208/4950495 • e-mail: info@verlagruhr.de

Mit dem Finger über die Landkarte
Topografische Spiele und Rätsel: Europa
Ab Kl. 5/6, 74 S., A4, Papph.
ISBN 3-86072-410-X
Best.-Nr. 2410
35,- DM/sFr/241,- öS

Vom Warentausch zum Euro
Projekte zur Geschichte und Funktion des Geldes
Ab Kl. 6, 70 S., A4, Papph.
ISBN 3-86072-387-1
Best.-Nr. 2387
38,- DM/sFr/277,- öS

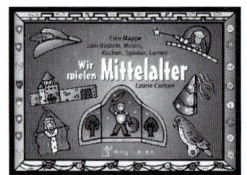

Wir spielen Mittelalter
Eine Mappe zum Basteln, Malen, Kochen, Spielen, Lernen
Ab 8 J., 176 S., A4 quer, Pb.
ISBN 3-86072-380-4
Best.-Nr. 2380
38,- DM/sFr/277,- öS

Imperium Romanum
Geschichte im Modell
Ab Kl. 5, 62 S., A4, Papph.
ISBN 3-927279-23-4
Best.-Nr. 0923
30,- DM/sFr/219,- öS

Arbeitsblätter Geschichte:
Französische Revolution
Ab Kl. 8, 48 S., A4, Papph.
ISBN 3-86072-456-8
Best.-Nr. 2456
28,- DM/sFr/204,- öS

Religionen kennen lernen:
Judentum
Ab 10 J., 49 S., A4, Papph.
ISBN 3-86072-339-1
Best.-Nr. 2339
28,- DM/sFr/204,- öS

Religionen kennen lernen:
Islam
Ab 10 J., 49 S., A4, Papph.
ISBN 3-86072-338-3
Best.-Nr. 2338
28,- DM/sFr/204,- öS

Auf den Spuren unseres Glaubens
Ab 10 J., 76 S., A4, Papph.
ISBN 3-86072-327-8
Best.-Nr. 2327
38,- DM/sFr/277,- öS

Sterben Äpfel auch?
Philosophische Nachdenkgeschichten für Kinder und Jugendliche
Ab 9 J., 88 S., 16 x 23 cm, Pb.
ISBN 3-86072-256-5
Best.-Nr. 2256
12,80 DM/sFr/93,- öS

Konflikte selber lösen
Trainingshandbuch für Mediation und Konfliktmanagement in Schule und Jugendarbeit
Ab 10 J., 207 S., A4, Pb.
ISBN 3-86072-220-4
Best.-Nr. 2220
45,- DM/sFr/329,- öS

Literatur-Kartei:
„Die Leiden des jungen Werther"
Ab Kl. 10, 85 S., A4, Papph.
ISBN 3-86072-457-6
Best.-Nr. 2457
36,- DM/sFr/263,- öS

Literatur-Kartei:
„Wilhelm Tell"
Ab Kl. 7, 84 S., A4, Papph.
ISBN 3-86072-407-X
Best.-Nr. 2407
38,- DM/sFr/277,- öS

Literatur-Kartei:
„Der Kleine Prinz"
Ab Kl. 5, 84 S., A4, Papph.
ISBN 3-86072-386-3
Best.-Nr. 2386
36,- DM/sFr/263,- öS

Lern-Landkarten
Ganzheitliches Lernen: Motivieren, Konzentrieren, Trainieren
Ab Kl. 5, 128 S., A4-quer, Pb.
ISBN 3-86072-323-5
Best.-Nr. 2323
36,- DM/sFr/263,- öS

Unsere Welt online:
Globales Lernen im Internet
Ab 14 J., 96 S., A4, Papph.
ISBN 3-86072-404-5
Best.-Nr. 2404
38,-DM/sFr/277,- öS

Erste Hilfe Schulalltag
Der Elternabend
Für alle Schulstufen, 62 S., A4, Papph.
ISBN 3-86072-460-6
Best.-Nr. 2460
33,- DM/sFr/241,- öS

Fun-Olympics
Sport- und Spaßspiele für alle
5–99 J., 96 S., 18 x 23 cm, Hardcover, vierfarbig
ISBN 3-86072-445-2
Best.-Nr. 2445
29,80 DM/sFr/218,- öS

Schokolade
Eine Aktivmappe
Ab 9 J., 86 S., A4, Papph.
ISBN 3-86072-160-7
Best.-Nr. 2160
35,- DM/sFr/256,- öS

Die Becherlupen-Kartei:
Tiere in Kompost, Boden und morschen Bäumen
Ab 8 J., 45 Karten A5, zweifarbig, beidseitig bedruckt + Beiheft
ISBN 3-86072-414-2
Best.-Nr. 2414
39,80 DM/sFr/291,- öS

Natur erkunden – Natur schützen für Jugendliche
Die große Ideen- und Projektekiste
Ab 11 J., 110 S., A4, Pb.
ISBN 3-86072-403-7
Best.-Nr. 2403
29,80 DM/sFr/218,- öS

Irre Seiten: Kunst
Ab Kl. 5, 54 S., A4, Papph.
ISBN 3-86072-007-4
Best.-Nr. 2007
28,- DM/sFr/204,- öS

Arbeitsblätter
Musik für die Sek. I
Ab Kl. 5, 126 S., A4, Pb.
ISBN 3-86072-409-6
Best.-Nr. 2409
39,80 DM/sFr/291,- öS

Dies ist nur ein kleiner Auszug aus unserem Katalog. Dort finden Sie Unterrichtshilfen für alle Fächer von Kiga bis Sek II. Fordern Sie unseren Katalog an.

☐ Bitte senden Sie mir Ihren kostenlosen Gesamtkatalog.

Verlag an der Ruhr
Postfach 10 22 51, D–45422 Mülheim a. d. Ruhr
Alexanderstr. 54, D–45472 Mülheim a. d. Ruhr
Tel.: 02 08/49 50 40 – Fax: 02 08/495 0 495
e-mail: info@verlagruhr.de
http://www.verlagruhr.de

Name _____
Straße / Nr. _____
PLZ / Ort _____
Schulform / Arbeitsbereich _____
Datum / Unterschrift _____

Sek-10/99